I learn Russian...

A Children's Reading Book

Adapted texts for reading in Russian For English-speaking audience

Irina Ivanishko

Я учу русский язык:

Детская книга для чтения

Адаптированные тексты для чтения на русском языке для англо-говорящей аудитории

Ирина Иванишко

The book contains a set of stories, fairy tales and narrations that are very easy for reading. A distinguishing feature of this book is that texts are written specifically for children because they are based on kid's subjects and dreamlike topics.

In this book you will meet a kind animal who has three legs and five arms and a shining star in his forehead;

You will learn about a girl who was made of snow;

You will read about friendship between a dog and a cat, about a silly breadball Kolobok and even find simple recipes to cook Russian food.

I Learn Russian: A Children's Reading Book, New York

Впервые опубликовано в 2011

First published 2011

ISBN -13: 978-1456439873

ISBN: 1456439871

Содержание

Я учу русский язык: Детская Книга для чтения.

Адаптированные тексты для чтения на русском языке для англоговорящей аудитории Автор: Иванишко И. В.

I Learn Russian: A Children's Book for Reading. Adapted texts for reading in Russian For English-speaking audience.

В книге представлены рассказы, сказки для чтения. Тексты очень простые, рассчитаны на начальный уровень владения русским языком. Особенность книги в том, что тексты, безусловно, будут интересны детям, т.к. используют сказочные сюжеты и детскую тематику. На страницах этой книги вы встретитесь со сказочным героем Барунчиком, у которого три ноги и пять рук, а во лбу звезда горит; вы узнаете о девочке, слепленной из снега; вы прочитаете о дружбе собаки и кошки, о глупом Колобке и даже найдете простые рецепты русских блюд. Чтобы сделать тексты ещё более интересными для детей, книга иллюстрирована картинками, которые были нарисованы детьми, посещающими данный курс, и их родителями. Иллюстрации помогают детям понять содержание рассказов и являются дополнительным стимулом для их прочтения.

Предложения и короткие рассказы

1. Я хочу есть хлеб с маслом и с сыром. Я не хочу пить сок. Я хочу есть йогурт и банан. Я не хочу и не люблю кока-колу. Я люблю молоко. Оно белое, вкусное и полезное.

2. Моя бабушка добрая и весёлая. Я еду в гости к бабушке. Бабушка испечёт мне блины. Я буду есть блины с маслом. Это очень вкусно!

3. Я хочу смотреть телевизор, а мама не хочет. Мама хочет спать, она устала.

4. Папа хочет идти по дороге. Я хочу пойти домой, а ты хочешь?

5. Я иду в магазин. Ты идёшь в зоопарк смотреть слона,

обезьяну, тигра и других зверей. Папа идёт на работу.

Дети идут в парк.

6. Девочка не устала, она хочет

бегать. Машина едет по

дороге. Бегать по дороге

опасно.

7. Белка прыгает на дереве. Мальчик едет на лошади.

Заяц скачет в траве. Птица поёт в кустах. Ты слышишь,

как птица поет?

8. Я хочу ловить мяч. Папа хочет поехать в парк. Дети

хотят гулять. А что хочешь ты?

9. Я вижу траву, дерево и много листьев. Идёт дождь, небо в тучах,

солнышка нет, птички

не поют. Грустно и

скучно. Я сижу дома.

10. Я читаю, я пишу, я ем, я пою, я танцую, я сплю, я иду, я лежу, я говорю, я смотрю, я вяжу, я еду, я лечу, я кричу, а ты что делаешь?

11. Я готовлю салат и макароны с сыром. Сын любит макароны. Он может есть макароны каждый день. Сегодня я готовлю макароны, а завтра буду готовить курицу с рисом.

12.  Я читаю интересную книгу. Я люблю читать, а моя сестра не любит. Она должна читать много книг.

13. Я пишу письмо моему другу. Я пишу красиво и быстро. Я люблю писать, а мой брат не любит писать. Он должен писать каждый день много и часто.

14. Большой ёж несёт на спине лист, гриб и бревно, а маленький ёжик несет на спине листок, грибок и брёвнышко.

15. Птичке холодно, она хочет жить в тёплом доме и кушать вкусный хлеб.

16. Лошадь пьёт чистую, холодную воду и ест вкусную

траву.

17. Ты видишь дом, машину, дерево, собаку, кошку и

большого

снеговика.

18. Я лежу на солнышке и гляжу на небо. Рядом лежит мама и тоже смотрит на небо. Мы довольные. Папа ловит рыбу в речке.

19. Пришла ночь. Спать пора. Кукла, ты устала, ты хочешь спать? Иди в кроватку, ложись, закрывай глазки. Я тебе

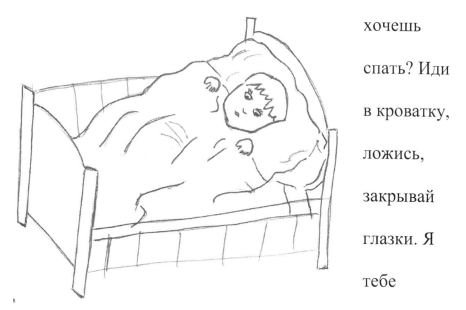

песенку спою. Какую песенку ты хочешь слушать? О собачке? Нет? О кошечке? Хорошо, я буду петь песенку о кошечке, а ты будешь лежать тихо-тихо, ты не будешь открывать глазки, хорошо? Ну, слушай.

20. Мы сели в машину и поехали в гости. Мы едем к бабушке и дедушке. Они ждут нас и готовят вкусный торт, печенье и конфеты. Они знают - мы едем! Мы любим нашу бабушку и нашего дедушку. Они добрые и хорошие. Мы любим ездить к ним в гости.

21. Я вижу, как жук моет лапки, как птица пьёт воду из лужи, как бабочка летает.

22. Ты слышишь, как птица поет весёлую песню. На небе солнышко светит, белые облака бегут по небу. Тепло и хорошо! Дети бегут. Они счастливые. Они кричат, они смеются, они поют, они играют.

23. Я показываю картинки в книжке. Вот птица, вот гриб, вот мальчик лежит и играет на дудке, вот котик спит, а вот мышки смотрят на котика. Мышки боятся котика. Мышки маленькие, белые с розовыми хвостиками. А вот лягушка сидит и смотрит на вкусного червячка. Лягушка хочет съесть червяка, а червяк хочет убежать.

24. Лягушка прыгнула в лужу. Вода тёплая в луже, она уснула в луже и не съела червяка. Он убежал домой.

Молодец червяк!

25. А вот кот идет по дороге, посмотри, какой хвост красивый у

кота, большой, пушистый! Звери смотрят на кота,

смотрят на его хвост. Кот говорит: «Мяу, здравствуйте,

звери!». А вот кот сидит и моет хвост языком, а потом

он будет мыть лапки и голову. Кот хочет быть чистым.

Мы не любим грязных котов. Мы любим чистых котов.

27. Девочка хочет спать. Она идет в комнату, ложится

на кровать,

закрывает глазки и

спит. Ей

снится сказка о

маленькой девочке и

медведе. Медведь

живёт в лесу в большом доме и хочет, чтобы девочка

тоже жила в его доме. А девочка не хочет жить с

медведем в лесу. Девочка хочет жить с мамой и папой.

28. Сегодня мне снится, что я попала на бал в красивый замок. Играет оркестр, звучит музыка, все гости нарядные, девушки в чудесных платьях и с красивыми причёсками. И все танцуют, и кружатся, и смеются. Вдруг подходит ко мне принц и приглашает меня на танец. И мы с ним танцуем, и кружимся, и разговариваем. И я не заметила, как быстро прошло время. И вот уже пора собираться домой. А уходить так не хочется. Еще бы потанцевать, и

посмеяться, и покружиться с принцем. Ах, какой

чудесный бал!

Корова и кошка

Жила-была корова. Она

говорила: «…МУ».

Жила-была кошка. Она

говорила: «… МЯУ».

Кошка пришла к

корове и сказала: «Здравствуй, корова».

Корова сказала: «Здравствуй, кошка».

Кошка попросила у коровы молока: «Корова, дай мне,
пожалуйста, молока, я очень хочу кушать».

Корова ответила: «Я дам тебе молока, если ты
попросишь мою хозяйку дать мне кушать травку».

Побежала кошка к хозяйке. Хозяйка увидела кошку и
сказала: «Здравствуй, кошка, что ты хочешь?»

Кошка ответила: « Я кушать очень хочу. Дай,
пожалуйста, корове травки кушать, а корова даст мне
молока».

Хозяйка улыбнулась и
сказала: « Хорошо, я дам
корове травы, корова даст

тебе молока, если ты будешь ловить мышей в моем доме». Хозяйка спросила кошку: «Согласна?»

Кошка ответила: «Да, я согласна, я буду ловить мышей в твоем доме».

Хозяйка дала корове травки, корова дала кошечке молока, а кошка стала жить в доме у хозяйки и ловить мышей.

Барунчик

Это фантастический зверь. Мы не знаем, где он живёт, но мы уверены, что он очень добрый.

Его зовут Барунчик. И он ещё ребёнок, но очень большой. Он большой как медведь. Но он не умеет рычать, он умеет пищать, как мышка.

У него один глаз, и этот глаз находится на ухе. Когда он спит, глаз у него всегда открыт.

У него три ноги и пять рук. Две ноги у него зелёные, а третья – красная. А руки у него все синие.

А ещё у него на лбу звезда горит, яркая-яркая. Поэтому он не боится оставаться ночью один, ему всегда светло с этой звездой.

У него длинная шерсть на спине и на животе, а на руках шерсти нет. У него есть пальцы на руках, но ногах пальцев нет.

Он любит пить молоко, он всегда по утрам пьёт молоко из большого ведра. Иногда он пьёт воду. Он никогда не пьёт кока-колу.

Он любит есть сладкие пряники и конфеты. А когда он голодный, он всегда ест ягоды и овощи. Его любимая ягода – малина. Его любимый овощ – огурец. Когда он ест, он закрывает свой глаз от удовольствия.

У него есть много друзей, они выглядят так же как он – три ноги, пять рук, один глаз на ухе, но раскрашены они по-другому.

НАРИСУЙ БАРУНЧИКА, РАСКРАСЬ.
РЯДОМ С НИМ НАРИСУЙ ДРУЗЕЙ БАРУНЧИКА.

Сказка « Колобок» (по мотивам русской народной сказки)

Жили-были дед и баба. Однажды дед говорит бабе: «Испеки мне, пожалуйста, колобок!» Баба испекла колобок и положила его на окно остывать. А колобок спрыгнул с окошка и покатился по дорожке.

Катится Колобок и встречает Медведя. Медведь увидел Колобка и говорит: «Колобок, Колобок, я тебя съем!» А Колобок отвечает ему: « Не ешь меня, Мишка-Медведь, я тебе песенку спою!» И запел Колобок песенку:

«Я Колобок, Колобок,
я от бабушки ушёл,
я от дедушки ушёл,
и от тебя, Медведь, уйду».

И покатился Колобок дальше.

Катится Колобок и встречает Серого Волка. Серый Волк увидел Колобка и говорит: «Колобок, Колобок, я тебя съем!» А Колобок отвечает ему: « Не ешь меня, Серый Волк, я тебе песенку спою!» И запел Колобок песенку:

«Я Колобок, Колобок,
я от бабушки ушёл,
я от дедушки ушёл,
я от Медведя ушёл
и от тебя, Серый Волк, уйду».

И покатился Колобок дальше.

Катится Колобок, смотрит, Лиса идёт. Лиса увидела Колобка и говорит: «Колобок, Колобок, какой ты красивый! Спой мне песенку!». Запел Колобок песенку:

«Я Колобок, Колобок,
я от бабушки ушёл,
я от дедушки ушёл,
я от Медведя ушёл,
я от Волка ушёл
и от тебя, Лиса, уйду».

А Лиса говорит: « Ох, я старая стала, плохо слышу, подойди ко мне ближе и спой песенку опять!». Глупый Колобок подкатился близко-близко к Лисе, открыл рот, чтобы песенку спеть, а Лиса его – АМ! – и съела!

Зайчик и морковка

Жил – был зайчик. Он был пугливый-препугливый, всего боялся. Когда он пугался, он прижимал свои ушки сильно-пресильно к спине. Он крепко-прекрепко закрывал глаза. Он сидел тихо-претихо. А иногда он убегал быстро-пребыстро, ведь у него очень сильный и быстрые ноги.

Зайчик любил есть морковку. Она сладкая-пресладкая, вкусная-превкусная и очень полезная для зубов. Но морковка в лесу не растет. Морковка растёт в огороде у людей.

А ходить к людям опасно-преопасно. У людей есть ружьё и собака. Можно ночью пойти, когда люди спят. Но собака не спит, собака хорошо-хорошо огород караулит. Если собака слышит шум, она лает. Громко-громко. И тогда люди просыпаются. И могут из ружья стрелять. Страшно-престрашно. И иногда собака может охотиться, и зайчика поймать, и съесть.

Нет, не пойдёт зайчик в огород к людям, очень-очень страшно. Будет траву в лесу кушать. Травы в лесу много-премного. Но зайчик морковку так сильно-пресильно хочет, очень-очень. А может быть, попробовать сходить? Тихо-претихо, чтобы собака не услышала.

Не люблю ходить в магазин.

Я сегодня дома. Я не иду в школу. Сегодня воскресенье. Утро. Я проснулся.

Есть хочу. Открыл холодильник. Так, у меня нет молока. У меня нет масла, у меня нет сыра. У меня нет мяса, у меня нет хлеба. У меня нет овощей. У меня нет картошки, нет морковки, нет свёклы, нет капусты. У меня нет макарон. У меня нет кофе. Но у меня есть яйца! Ура! Я могу сварить яйца. И съесть.

Хорошо. Но у меня нет соли. Что делать? Пойти в магазин и купить соль?

Если я пойду в магазин за солью, то я куплю и молоко, и масло, и сыр, и мясо, и кофе, и овощи: картошку, морковку, свёклу, капусту. Я могу купить и макароны, и кофе. И я смогу сварить суп. Или приготовить макароны с сыром. Я люблю макароны с сыром. Я смогу сварить кофе и пить его с молоком. Но я не хочу идти в магазин.

Я не люблю магазины. Лучше буду дома, не пойду в магазин. Но я есть хочу!

Что делать? Сварить яйца и съесть без соли? Можно. Но это не вкусно. Лучшее не буду варить яйцо без соли, буду голодный. Нет, очень кушать хочется.
Что за шум? Это мама пришла из магазина с едой!
Значит, я буду дома, не пойду в магазин, но буду вкусно кушать. Хорошо, когда мама есть.

Письмо
Здравствуйте!
Меня зовут Нина. Я живу в России в городе Москва.

У меня есть мама. Её зовут Оля.
У меня есть папа. Его зовут Пётр.

У меня есть старший брат и младшая сестра. Брата зовут Саша, а сестру зовут Маша.

Мне десять лет. Саша уже большой, ему двенадцать лет, а Маша – маленькая девочка, ей два года.

У нас есть собака, её зовут Жучка. Ей пять лет.

У меня есть аквариум с рыбками.

У меня нет кошки. Я хочу кошку.

Я люблю играть с собакой, и я люблю кормить рыбок. Ещё мне нравится гулять на улице с моими подругами. У меня две подруги, их зовут Катя и Женя.

Я хожу в школу в пятый класс. Я учу историю, географию, математику, русский язык, литературу и английский язык.

Мне нравится математика, но история мне не нравится. Мне нравится читать и считать. Еще я люблю рисовать. Я рисую солнце на небе и радугу. Это хороший солнечный день, очень тепло, и на улице играют дети. Они бегают, играют с мячом и смеются.

Уроки русского языка.

Мы решили начать изучать русский язык. Наша учительница очень хорошая. Она рассказывает нам много интересного о культуре России, истории, традициях. Мы учим русские пословицы и читаем русские народные сказки. Мы уже прочитали сказку про глупого Колобка и хитрую Лису, мы прочитали сказку про Курочку Рябу, про Репку, про Волка и семеро козлят.

Еще на уроках русского языка мы всегда смотрим русские мультики, они такие добрые и хорошие. Мы смотрели мультик про девочку Машу, которая съела варенье и сказала, что это кошка съела, и её бабушку, которая Маше не поверила; про Малыша и его друга Карлсона, который живёт на крыше; про великого Мойдодыра и мальчика-грязнулю, от которого убежали игрушки и книжки; про волшебный Цветик-Сетицветик и много-много других мультиков. Они учат нас чему-нибудь хорошему и правильному.

А самый любимый наш мультик – это сериал про необычного зверя, который прилетел на Землю с Луны, остался там жить, завёл много друзей и попал в самые невероятные приключения. Его зовут Лунтик. Мы готовы смотреть этот мультфильм каждый день. И мы очень огорчаемся, если наша учительница не показывает нам его на уроке.

Ещё мы учим разные песенки на русском языке. Они тоже добрые и весёлые. Мы уже можем спеть много песен. Например, мы знаем песенку про маленького ёжика, который боится в лесу только лису. Мы знаем песенку про Золушку, которая была на бале и потеряла башмачок. Мы выучили песенку про волшебную страну, где живут Жар-птица и добрые звери. Мы любим песню про весёлых гусей, которые прятались от бабушки. Нам нравится песенка про четырёх смешных лягушат, которые смотрели на червяков. Мы даже можем спеть песню про математику и таблицу умножения.

А ещё наша учительница рассказывает нам о популярной русской еде, и иногда мы готовим какое-нибудь русское блюдо с нашей учительницей. Мы очень любим такие уроки. Мы говорим по-русски, учимся готовить и, конечно, едим эту новую для нас еду. Нам нравятся русские каши, салаты и печенье.

Нам приходится очень много заниматься дома. Учительница задаёт нам много домашней работы: и читать, и писать, и запоминать наизусть. Особенно трудная часть для нас – это грамматика русского языка. Уроки русского языка очень трудные, но интересные. Как говорится в одной русской пословице: «Без труда не вынешь и рыбку из пруда». Поэтому мы очень стараемся, и у нас многое получается. Мы научились пользоваться словарём и компьютерной программой для перевода, мы можем составить и сказать простые фразы, мы можем читать, и мы немного понимаем русскую речь. Это хорошо, знать иностранные языки!

Диалоги

1.Мама, смотри, это наш дом!
-Где наш дом?
- Вот он!
-Это наш дом?
-Да, это наш дом!

2. - Сколько окон в нашем доме?
- В нашем доме много окон. Они большие и чистые.
- А сколько комнат в нашем доме?
- В нашем доме три большие комнаты и две маленькие.
- А кухня в нашем доме есть?
- Да, у нас красивая кухня. И еще у нас есть столовая.

3.- Где мама?

- Мама дома.

- А где папа?

- Папа тоже дома.

- А бабушка тоже дома?

- Нет, бабушки нет дома, она уехала.

- Куда уехала?

- В магазин.

- А где дедушка?

- Я не знаю. А ты где был(-а)?

- Я ходил(-а) в школу.

4. - Ваш дом какой?

- Наш дом большой, красивый и уютный.

- А сад у вас есть?

- Да, у нас есть сад, там много деревьев и цветов.

5. - Наша машина какая?

-Наша машина новая, красивая, удобная, серая, большая.

6. -Это какая каша?

 - Это гречневая каша. Она коричневым цветом и очень вкусная. Я люблю гречневую кашу. А ты любишь?

 - Да, я люблю гречневую кашу. Она очень полезная.

 - А какую кашу ты еще любишь?

- Я люблю овсяную и манную кашу.

 - А пшённую кашу ты любишь?

- Нет, я не люблю пшённую кашу.
- А гороховую?
- Да, я люблю гороховую кашу. А еще я люблю пшеничную кашу и перловую кашу. И кукурузную тоже!

Погода

1. Сегодня идёт

дождик. Он такой

тёплый. И я хочу

бегать под

дождём. Это так

весело! И тучи совсем не страшные. И очень тепло.

2. Сегодня идёт дождь. Дует сильный ветер. Холодно.

На небе тучи серые. Солнышка нет. На дороге много

луж.

А это кто? Это собака

бежит по дороге, она

мокрая.

А это кто? А это гусь моет
лапки в луже.

А это кто? Это птица, она не поет сегодня и не летает,
она сидит и спит.

Я сижу дома, потому что идёт дождь. Я много ем и
сплю. Скучно и грустно мне. Что мне делать?
Мама готовит завтрак. Я хочу помогать маме. Буду
резать хлеб, сыр, помидоры. Буду делать бутерброды.

3. Вчера был чудесный
день. Весь день
солнышко светило.
Маленькие птички
летали и собирали

нектар. Распустились цветы: жёлтые, белые, красные и даже синие. Кузнечики в траве пели.

Мы ездили к бабушке в деревню. Там очень красиво! Мы ходили в лес собирать грибы и ягоды.

3. Сегодня хороший день. Солнышко на небе, белые облака, дождя нет. Птички летают. Дует маленький ветер. Тепло и приятно.

Мы с друзьями

пойдём на пляж и

будем купаться в море. Море синее и тёплое. Мы любим

нырять и наблюдать за дельфинами.

Мои кошка и собака.

У меня есть кошка и собака.

Кошка бегает и мяукает, хочет

кушать. Я даю ей молоко. Кошка

не любит кашу, но любит сыр. Кошка ловит мышей.

Кошка слышит, как мышь пищит: «Пи-пи-пи».

Я люблю мою кошку. Кошка не любит

плавать в реке, кошка любит много спать.

Собака не хочет спать, она лает и хочет гулять.

Я люблю мою собаку. Я говорю ей: « Дружок, ты

можешь бегать!» - и она бегает. Я кричу ей: «Дружок,

ты можешь прыгать!» - и она прыгает. Она любит

слушать, как птица поет и как ветер дует. Собака любит

плавать в реке. Моя собака

любит есть. Она ест много

хлеба и мяса. Она любит

пить холодную воду. Моя

собака и моя кошка

хорошие, они друзья.

Верхом на лошади

Кристина едет верхом на лошади очень быстро. Девочка

счастливая. Она красиво сидит на лошади. Кристина

любит свою лошадь. Кристина ухаживает за ней – моет

и причёсывает лошадь, даёт ей кушать вкусную траву и

овёс, даёт ей пить чистой воды, угощает хлебом.

Кристина любит кататься верхом. Лошадь Кристины

зовут Ветерок. Она коричневая, а её хвост – чёрный.

Утро

Я буду мыть окна в моей комнате. Они грязные. Я не люблю, когда окна грязные. Мне нравится, когда окна чистые.

Солнышко утром будет заглядывать ко мне в комнату и будить меня. Я буду просыпаться с хорошим настроением!

Потом я пойду в кухню и буду готовить кофе. Может быть, я съем и кусочек черного хлеба с маслом с сыром.

Я люблю пить кофе по утрам. Мне нравится крепкий,

ароматный, горячий кофе без

сахара. Утром я пью кофе без

молока, а днем мне нравится

выпить чашечку кофе со сливками. Иногда, только по

особым дням, я позволяю себе съесть кусочек торта или

сладкого хлеба с вареньем. Это очень вкусно!

Футбол

Мы с мамой и папой ходили смотреть футбол. Папе

очень нравится футбол, а мы с мамой ходили, чтобы

сделать ему приятное. Мы болели за нашу местную

команду, и они победили. Счет был 2:1 в нашу пользу.

Мы смотрели, как они быстро бегают и как забивают

гол в ворота. Их майки были жёлтые, а у соперников –

зелёные. Наши игроки – самые лучшие.

Мы много и громко кричали. Поэтому сегодня у меня

болит горло,

и мой голос

куда-то

исчез. Я не

могу

говорить, а

только

шепчу. Мама говорит, что через два-три дня мой голос
вернётся ко мне, мне надо ждать. Я сижу дома, не могу
звонить своим друзьям, мне грустно и скучно. Поэтому
я решила читать.

Дедушка и репка (по мотивам русской народной сказки)

Я люблю читать стихи, а сегодня я читаю сказки. Эта сказка о деде и всей его семье. Дед посадил репку, и она

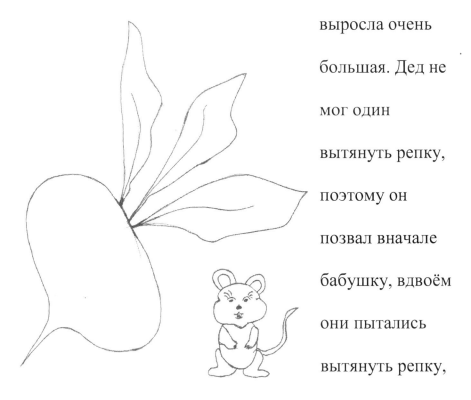

выросла очень большая. Дед не мог один вытянуть репку, поэтому он позвал вначале бабушку, вдвоём они пытались вытянуть репку,

но не смогли. Поэтому они позвали внучку. Втроём они пытались вытянуть репку, но опять не смогли. Потом они позвали собаку Жучку, потом кошку Мурку, потом мышку. Все вместе они вытянули репку, и бабушка сварила для всех вкусную кашу из репки. Даже мышке дали каши. Дружба всегда побеждает! Я люблю читать книги.

Мальчик Саша и его машина

Мальчик Саша очень хороший. Она всегда слушает маму и папу. Но он не любит ставить вещи на место. И потом он их долго-долго ищет.

Вчера Саша играл с машиной. А где машина сегодня? Саша ищет её. Под кровать заглянул. Там его штаны лежат, а машины нет. Под стол посмотрел – там книжка лежит, а машины нет. В книжный шкаф посмотрел. Там почему-то хлеб лежит, а машины тоже нет. Где же машина? Нигде нет!

Устал Саша, решил чай пить с вареньем. Открыл

холодильник, чтобы достать варенье, а там лежит

колбаса, сыр, мячик и машина! Ура! Машина нашлась!

Но где же варенье?

Короткие истории

1. Жили – были дед и баба.

    И не было у них детей.

    Пошли они на улицу и

    решили сделать девочку

    из снега. Сделали ей

    руки, ноги, голову,

    нарисовали глаза, нос и

рот, одели в платье. Красивая получилась девочка!

Пошли дед и баба домой, утром выглянули в

окошко, а девочка вокруг дома ходит, песни поёт

и снег убирает! Обрадовались дед и баба, девочку назвали Снегурочкой, и стала Снегурочка жить с ними. Теперь все дети знают её и ждут, когда она придёт на Новый год с Дедом Морозом. Ведь она помогает ему дарить подарки детям.

2. Мама работает в саду. Дети помогают маме ухаживать за цветами. У них много цветов в саду. Цветы очень красивые. Они цветут жёлтыми, красными, синими и белыми цветами. Дети сорвут цветы и сделают букет. Они принесут цветы в

дом и поставят их в красивую вазу на столе.

3. Мама на кухне. Она готовит вкусный ужин. Мы будем есть овощи и мясо. Мама готовит морковку, капусту, брокколи, лук, картошку. Девочки помогают маме. Они моют и режут овощи для салата. Они хотят сделать салат из перца, помидор и огурца. Вкусный и полезный будет ужин!

4. Мама спит. Она устала. Дети не шумят. Они тихо сидят в комнате и делают уроки. У детей много уроков. Они учат грамматику английского языка, они читают, они учат математику, историю, русский язык. Скоро мама проснется, и они поедут на машине на урок езды верхом на лошади. Они очень любят кататься верхом на лошади.

5. Уже вечер. Все устали. Девочки сидят в большой комнате и смотрят телевизор. Они сделали все уроки, они поели, они вымыли посуду и теперь отдыхают. По телевизору показывают смешные и веселые мультики (мультфильмы). Девочки много смеются. Скоро они пойдут спать. А завтра будет новый день. И - опять будет завтрак, опять уроки, опять обед, опять учеба, опять ужин и опять спать. Какая скучная жизнь у девочек!

6. В праздник Нового года

детям

весело.

Они

наряжают

ёлку,

встречают Деда Мороза и Снегурочку, получают и дарят

подарки, готовят много разных сладостей, чтобы есть и

угощать друзей. Ёлки у детей высокие, нарядные, на них

висят цветные шарики, бусы, стеклянные игрушки,

хлопушки.

Детям нравится

танцевать и петь

песни под

ёлочкой вместе с

Дедом Морозом,

нравится играть

со Снегурочкой в

разные весёлые

игры. Дети могут

не спать всю новогоднюю ночь! Они могут играть,

смотреть телевизор, кушать, гулять на улице, встречать

Деда Мороза, ходить в гости к друзьям, кататься с горки на санках, кататься на коньках.

А утром под ёлочкой дети найдут подарки. Новый год – очень весёлый праздник! А ты любишь Новый год?

7. Мальчик шёл по лесу. Шёл и пел песенку. Смотрит, а

под деревом зайчик сидит. Ушки прижал, дрожит и не убегает. Мальчик подошел к зайцу ближе. Видит, у него лапка болит. Мальчик пожалел зайчика, принес его к ветеринару. Доктор вылечил зайчика, и мальчик отнёс его опять в лес. Зайчик обрадовался и быстро-быстро побежал в глубь леса.

Волшебник – лентяй или что может случиться, если плохо учиться в школе

Маленький мальчик ходил в школу волшебников. Там все были волшебники: и учителя, и даже директор. И дети учились быть настоящими волшебниками.

Но это не так просто: учиться. И учиться, как стать волшебником – тоже не просто. Надо много читать, надо учиться делать фокусы, запоминать наизусть волшебные слова, химические формулы, надо узнавать и составлять рецепты волшебных порошков, даже колбочки для экспериментов надо учиться мыть.

Учителями были опытные волшебники. И они хотели научить маленьких детей всем волшебствам, которые знали и умели делать сами. Поэтому каждый день в школе было много уроков. И домашней работы было тоже много.

Все дети очень старались. И каждый день они становились всё умнее, и с каждым годом они могли делать всё больше и больше волшебных дел. Например, они уже знали, как превратить вредного паука в прекрасную бабочку. Или как из большого и злого крокодила сделать маленького и доброго. Или как укротить грозу. Или как вызвать дождь.

Но один мальчик был не такой как все. Он был очень ленивый. Он не хотел делать домашние задания дома. Он часто пропускал уроки в школе. А когда приходил в школу, то ничего не делал серьёзно, а только баловался. Он плохо слушал, что говорили учителя. Он не хотел читать волшебные книги. Он ничего не хотел запоминать.

И вот однажды его попросили сделать черепаху. Надо было закрыть глаза и сказать волшебные слова. Но мальчик перепутал слова. И поэтому черепаха у него получилась очень странная. У неё на голове рос цветок, а вместо лап были красные крылья, а панцирь был синего цвета.

Потом мальчик решил сделать волшебный сонный порошок. Все, кто выпьет напиток с этим порошком, должны были сладко и долго спать. Но мальчик не помнил рецепта этого порошка. Поэтому он смешал неправильные вещества. И вместо сонного порошка у него получился порошок смеха.

Мальчик выпил этот порошок и теперь никак не может остановиться смеяться. Он смеётся днём и ночью, и когда ест, и когда гуляет, и когда разговаривает. У него уже давно болит живот от смеха, ему уже плакать хочется, потому что он устал смеяться. Но он никак не может остановиться, потому что, как сделать порошок против смеха, он тоже не знает. Вот и живёт такой волшебник- недоучка, который только и умеет смеяться.

Путаница

Пронумеруй предложения так, чтобы получился рассказ.

1. Она разбила кружку. Наташа играла дома одна. Мама ругала Наташу.

2. В нашем саду выросла малина. Мама будет

варить варенье. Она уже красная и сладкая. Мы идём в сад собирать ягоды.

3. Дети услышали птиц и пошли гулять. Птицы высохли и опять запели. Дождь закончился.

4. Солнце спряталось, подул сильный ветер, пошёл дождь. Вдруг на небе появились чёрные тучи. Дети побежали и спрятались от дождя под крышу. Была тёплая погода. Дети играли на улице.

5. Вдруг он увидел щенка. Щенок испугался и убежал. Кот зашипел. Чёрный кот сидел на заборе.

Рецепты русских блюд

Сладкая картошка

Вам потребуются:
1 банка сгущенного молока,
0,5 кг печенья,
2 столовые ложки какао-порошка,
100 грамм сливочного масла.

Раскрошить печенье, добавить растопленное масло,

сгущенное молоко, какао. Всё перемешать. Скатать

шарики и положить их в холодильник на два-три часа.

Готово!

Приятного аппетита!

Винегрет

Вам потребуются:
свекла
морковка
картошка
лук зеленый или репчатый
соленые огурцы
растительное масло

Вначале надо сварить свеклу, морковку, картошку (не

чистить). Когда овощи станут мягкими, воду слить.

Когда овощи остынуть, снять с них шкуру и порезать на

маленькие кубики. Лук тоже покрошить мелко.

Порезать кубиками соленые огурцы. добавить масло и

соль. Всё перемешать, поставить в холодильник. Через

два-три часа винегрет готов. Приятного аппетита!

Борщ

<u>Вам потребуются:</u>

Бульон из курицы или мяса.
Свёкла с листьями
Морковка
Картошка
Репчатый лук
Зелень – петрушка, укроп.

Вначале надо приготовить бульон из курицы или мяса.

Потом надо порезать свёклу, морковку, картошку и лук.

В горячий бульон надо положить вначале свёклу. Через 10 минут надо положить морковку, картошку и лук. Сварить овощи.

Когда овощи будут мягкие, надо порезать и положить в суп листья свеклы. Через 5 минут надо положить порезанные укроп и петрушку, закрыть крышкой. Через 10-15 минут борщ готов. Приятного аппетита!

Тигрёнок и Курица

Измени слова в скобках так, чтобы получилось правильное предложение

1.Курица   (лежать) и
(петь) песенку.

2.Курица   (лежать),
(смотреть) на солнышко и
(петь),   как она   (лежать),
(смотреть) на солнце и как она
(петь)   песенку. « Я   (лежать) и я
(петь).   Но я не   (сидеть)   и я не
(глядеть) на Тигрёнка».

3. Тигрёнок   (идти) и
(слушать) эту песенку.

4. Ему   (нравиться) песенка. Он
(шевелить)   ушами и
(слушать).

5. Он   (сидеть) и
(начинать) петь песенку вместе с Курицей.

6. Курица   (говорить), как надо петь
песенку.

7. Тигрёнок   вначале
(не понимать), что   Курица
(говорить).

8. Потом Тигрёнок
(понимает), как надо петь песенку.
9. Они весело   (петь)
песенку вместе, они   (лежать) и
(смотреть) на солнце.

10. Им   (нравиться)
(лежать)   и   (нравиться)
петь,   и   (нравиться)
(смотреть)   на солнышко.   Они друзья!

Упражнения для чтения и перевода
Определите падежи существительных

Я вижу в доме цветок
Я люблю мою кошку
Я хочу сыр
Я расскажу о студенте
Я бегу в дом,
заглядываю в буфет
Сыр есть в буфете
Я сижу на коне
Я помогаю Ивану
Я даю Андрею совет
Я даю коню овес
Я пишу сестре совет
Я пою о сыне
Я лежу на пляже
Я ем хлеб
Я живу в доме у сына у
ручья
Подарок лежит в столе
или на столе?
Это сделано учителем
Учебник лежит на столе
для студента

Всадник сидит на коне
Муха села на цветок
В поле вырос василек
Жук сидит в кармане
Я плохо вижу в тумане
На экране компьютера
Я говорю о мониторе
Я вижу монитор
Звенит звонок телефона
Я слышу шум телефона
Болит нога у мальчика.
На ноге я вижу синяк.
Закрой рот
Дай мне торт
Приготовь пирог
Вынеси мусор в сад
В саду было тепло

Made in the USA
Lexington, KY
22 November 2011